Poesie & Aphoristik

# Widmung und Dank

Gewidmet all den großartigen Kindern dieser Erde, die uns jeden einzelnen Tag im Leben versüßen und uns die Antworten auf dieses liefern… wenn wir nur öfter genau hinhören. Bleibt, wie Ihr seid!

Mit besonderem Dank an meine eigenen wundervollen Kinder, die mir täglich so unbeschwert ihre Sicht der Dinge mitteilen und mir somit das fantastische Geschenk geben, die Welt noch einmal aus Kinderherzen betrachten zu können. Ich liebe Euch!

**„Aber ich bin doch der Lukas, ich möchte nichts anderes werden."**

*(Kind, 3 Jahre alt, auf die Frage der Mutter, was es mal werden möchte, wenn es groß ist)*

**"Ich liebe die Natur! Der Himmel sieht aus wie Zuckerwatte. Wo sind die Schmetterlinge hin? Es gibt hundertachtzigmillionen Tiere auf der Welt."**

*(Kind, 6 Jahre alt, freudestrahlend bei einem sonnigen Winterspaziergang)*

**„Man muss zum Beispiel sein Spielzeug immer genießen. Oder die Freiheit, die niemals endet. Auch nach dem Tod nicht."**

*(Kind, 6 Jahre alt, beim Betrachten eines Grabsteins mit der Inschrift „Jede Sekunde ist wertvoll")*

**Dana Jungbluth**

# Poesie & Aphoristik

## Aus Kinderherzen

Bibliografische Information der Deutschen National-
bibliothek:
Die Deutsche Nationalbibliothek verzeichnet diese
Publikation in der Deutschen Nationalbibliografie;
detaillierte bibliografische Daten sind im Internet
über http://dnb.dnb.de abrufbar.

Herstellung und Verlag: BoD – Books on Demand,
Norderstedt

ISBN: 978-3-7347-7191-0

# Inhaltsverzeichnis

**Aphorismen**

# Inhaltsverzeichnis

## Gedichte

# Von Eltern lernen

Sind die Erwachsenen doof, sei auch doof.

*(Dana Jungbluth, 5. Juli 2018)*

## ...erksamkeit

...ver die Welt nicht versteht, sieht nicht genau genug hin.

*(Dana Jungbluth, 27. August 2018)*

# Die schönste Zeit

Keine Zeit, das sagst Du immer.
Komm mit zu mir ins Kinderzimmer.
Ich hab' gebaut, guck doch mal her,
ein riesen Türmchen und noch mehr.

Keine Zeit, musst noch viel machen.
Komm mit, ich zeig' Dir schönere Sachen.
Lass uns lachen, spielen, kuscheln,
statt Ausreden daherzunuscheln.

Keine Zeit, so vieles steht an.
Wann, Mama, bin ich endlich dran?
Genieße jetzt die Gelegenheit,
denn eines Tages hab' ICH keine Zeit!

*(Dana Jungbluth, 27. August 2018)*

## ...nenruhe

Komm, wir zählen die Sterne,
da oben in der Ferne.
Sieh nur, wie sie funkeln,
sie zwinkern gar im Dunkeln.

Komm, wir pflücken die Sterne,
ich hätte sie so gerne
zu allen Zeiten bei mir,
damit's auch hier so friedlich wär'.

*(Dana Jungbluth, 27. August 2018)*

# Warten auf's Christkind

Wir warten auf's Christkind,
schon das ganze Jahr,
halten Ausschau nach Flügeln
und goldlockigem Haar.

Wir backen und basteln,
bald ist es soweit,
und legen am Fenster
Wunschzettel bereit.

Es duftet nach Zimt,
Vanille und Tanne,
wir schenken uns ein
heißen Tee aus der Kanne.

Wir packen Geschenke,
lächeln lieblich uns an.
Die Adventszeit, sie zieht uns
in ihren traumhaften Bann.

Wir warten auf's Christkind,
bald ist es da,
erfüllt unsere Herzen,
ganz wunderbar.

*(Dana Jungbluth, 28. August 2018)*

# Träume leben

Gute Träume sind was Schönes,
schlechte Träume eher Böses.
Halt Dich an den guten fest
und achte drauf, dass man Dich lässt.

Träume sind nicht zum Leben,
denken da die meisten.
Lass Dich nicht erdreisten,
nicht doch danach zu streben.

Denn Träume sind zum Leben da.
Wo kämen wir auch hin,
entdeckten wir nicht, wie wunderbar
Lebensträume sind?

*(Dana Jungbluth, 29. August 2018)*

# Von Kindern lernen

Wenn Kinder Dir die Welt erklären,
so höre sehr gut hin.
Denn nur ein Kind kann ihn Dir lehren,
den wahren Lebenssinn.

Mit Phantasie und unbefangen
gehen sie durch die Welt
und wecken in uns das Verlangen,
dass man innehält.

So öffne Deine Seele,
wie Kinder es bestreben,
dass es Dir nicht fehle
am wahren Sinn im Leben.

*(Dana Jungbluth, 29. August 2018)*

## ebensinhalt

Ein bedauernswertes Leben hat, wer außer über seine Arbeit nichts zu berichten weiß.

*(Dana Jungbluth, 1. September 2018)*

# Zwei kleine Herzen

Zwei kleine Herzen,
verbunden mit meinem,
ließen in mir
einst Liebe aufkeimen.

Zwei kleine Herzen,
so lieb und zart,
zuvor ahnte ich nichts
von einer Liebe derart.

Zwei kleine Herzen,
die Liebe gefunden,
bleiben mit meinem
für ewig verbunden.

*(Dana Jungbluth, 9. September 2018)*

# Als noch alles besser war

Früher war alles besser, sagte man
gestern, heute und morgen.
Die Jungen sind zufriedener dran,
haben längst nicht unsere Sorgen.

Man trauert oft nach
der Jugend und Zeit,
was ist keine Schmach,
sind auch sie bald so weit.

Ergreift Dich Wehmut Jahr für Jahr,
dann denk an eines feste:
Wenn früher alles besser war,
ist jeder Tag der beste.

*(Dana Jungbluth, 15. September 2018)*

# Das schönste Spielzeug

Lass uns durch die Pfützen stampfen,
matschen bis wir dreckig sind,
Beeren von den Sträuchern mampfen,
gemeinsam rennen gegen den Wind.

Gänseblümchenkränze flechten,
Plätzchen backen ganz aus Lehm;
ja, es sind zwar keine echten,
zum Spielen jedoch uns sehr genehm.

Auf die Bäume wollen wir klettern,
bis oben in die Kronen,
dort Häuser bauen aus vielen Brettern,
uns einrichten zu wohnen.

Wir fangen Würmer, Frösche, Käfer,
mit unseren bloßen Händen, klar,
und wissen von dem Siebenschläfer,
wie der Sommer wird das Jahr.

Auch den Frühling, Herbst und Winter
nutzen wir zum Draußensein,
verstecken uns über, unter und hinter
jedem lauschigen Eckelein.

Fangen, toben, lachen, singen,
spielen, hüpfen, laufen, schreien…
hoffentlich wird's uns nie gelingen,
so langweilig wie die Eltern zu sein.

*(Dana Jungbluth, 16. September 2018)*

# Jemand liebt Dich

Jemand liebt Dich – sieh nur hin.
Jemand liebt Dich – ganz bestimmt!

Jemand liebt Dich – wer könnte es sein?
Jemand liebt Dich – horch ins Herz hinein.

Jemand liebt Dich – sagt vielleicht nichts.
Jemand liebt Dich – so zeig DU Gesicht.

Jemand liebt Dich – sagst Du ihm dann.
Jemand liebt Dich … denk stets daran.

*(Dana Jungbluth, 21. September 2018)*

# Dein Leben, Dein Weg

In die Schule musst Du gehen,
so vieles gibt es zu verstehen.
Lernen sollst Du dies und das,
möglichst sein ein Mathe-As.

Wozu das Ganze, fragst Du Dich,
quälst Dich, sträubst Dich innerlich
gegen diesen ganzen Druck,
gibst Dir jeden Tag 'nen Ruck.

Arzt zu sein, das wäre toll,
quatschen Dich die Eltern voll.
Anwalt, Lehrer, Architekt
wäre ebenfalls perfekt.

Dich fragt niemand, was Du willst,
was Du denkst, begehrst und fühlst.
Immer geht es nur um dieses,
zu lernen bloß was Lukratives.

Das Gute daran aber ist und bleibt,
dass Du allein bestimmst, was das sei.
Völlig gleich, was es auch ist,
glaub an Dich, sei Optimist.

Niemand ist in allem gut.
Verliere also nicht den Mut,
Deine Träume zu erreichen.
So wird das Glück Dir auch nicht weichen.

Gesagt sei Dir, beglücke die Welt
einzig mit dem, was DIR gefällt;
und Dich selbst mit dem, was Du kannst,
von Herzen liebst und wonach Du verlangst.

*(Dana Jungbluth, 24. September 2018)*

# Nicht ohne mein Kuscheltier

Ich schlafe nicht ohne mein Kuscheltier,
egal, wie alt ich bin.
Jede Nacht liegt es neben mir,
denn dort gehört es hin.

Mein Kuscheltier, es riecht so gut,
ist schnuffelig und weich,
es tröstet mich und schenkt mir Mut,
ist kuschelig zugleich.

Mein Leben lang schon kennt es mich
am besten auf der Welt,
denn still und heimlich erzähle ich,
was mir nicht oder gut gefällt.

Ich halte es ganz fest im Arm
und schmiege mich daran;
es wiegt mich sicher und auch warm,
sodass ich schlafen kann.

*(Dana Jungbluth, 30. September 2018)*

# Bedingungslose Liebe

Auch wenn Eltern mal wütend sind,
ändert es nichts daran,
dass sie immer allem voran
bedingungslos lieben ihr Kind!

Ihre Liebe lässt nicht zweifeln,
sie bleibt Dir ewig treu,
so atme auf und freu
Dich, nie werden sie Dich verteufeln.

*(Dana Jungbluth, 30. September 2018)*

# Blindes Vertrauen

Erzähl mir Deine Sorgen –
bei mir bist Du geborgen!
Schäme Dich nicht vor mir –
ich stehe immer hinter Dir!
Für alles gibt es einen Weg –
perfekt, wenn man ihn gemeinsam geht!
Ich verspreche Dir: ein Leben lang –
ziehen wir an einem Strang!
Und wenn ich einmal nicht mehr bin,
so kommt es Dir gewiss in den Sinn,
was ich Dir einst geraten hätte –
zur rechten Zeit – das jede Wette.

*(Dana Jungbluth, 2. Oktober 2018)*

# Das Geschenk

Da überlegt man hin und her,
zu Weihnachten, Ostern, Geburtstag:
Schenkt man wenig oder mehr?
Und was der Beschenkte wohl mag?

Dabei ist's wirklich einfach,
egal, ob groß, ob klein:
Mach selbst, was Du gut drauf hast.
Von Herzen soll es sein!

*(Dana Jungbluth, 19. November 2018)*

# Kinderlachen

Hörst Du die Kinder lachen?
Über alle möglichen Sachen,
die Du vielleicht nicht lustig findest,
nicht mal ein kleines Stück zumindest.

Lass die Kinder lauter lachen,
sie ungehemmt so weitermachen.
Lache mit, bis Du Dich windest,
so Du Dich mit Glück verbindest.

*(Dana Jungbluth, 9. Dezember 2018)*

# Gemeinsamkeiten

Ob Weihnachten, Eid oder Chanukka,
Feste feiern ist wunderbar.
Geburtstage, Taufen und Hochzeiten
lassen sich schön zelebrierend begleiten,
ebenso wie Schulabschlüsse,
Jubiläen, diverse Einflüsse
aus verschiedenen Kulturen,
Religionen und weiterer Spuren
der Menschheitsgeschichte.
Ein Gedicht im Rampenlichte.

Jeder feiert, wie er mag,
ob durch die Nacht, ob bloß bei Tag.
Lassen wir jedem seine Feste
und wünschen dazu stets das Beste.
Feiern wir alle nur nie vergebens
unser gemeinsames Fest des Lebens.

*(Dana Jungbluth, 9. Dezember 2018)*

# Auf der Suche nach dem Sinn d. Lebens

Die Antworten finden sich in den Kindern dieser
Welt.

*(Dana Jungbluth, 6. Januar 2019)*

# Wie Mama zu den Engeln geht

Hektisch, unruhig, wildes Geflatter.
Geisterhafte, intime Stille.
Viele Seelen bilden Schatten.
Sorge, Liebe, unbändiger Wille.

Ihr fällt es sehr schwer, loszulassen,
sie muss noch nach den Kleinsten sehen.
Ihr Heimgang ist noch nicht zu fassen,
nimmt sie Ballast, bereit zu gehen.

*(Dana Jungbluth, 4. Februar 2019; in Erinnerung an
den Heimgang einer Mutter, Großmutter und Ur-
großmutter)*

# One Love

Eure Augen blicken mich an,
sie leuchten so erwartungsvoll.
Hoff', dass ich Euch geben kann,
was ich in Euren Augen soll.

Ihr strahlt zu mir und schaut herauf,
Euer Held bin ich und Glück.
Sorgen mach' ich mir zuhauf
und denk' an so vieles zurück.

Ich will Euch immer glücklich sehen,
ganz egal, was Ihr auch macht.
Ihr werdet Eure Wege gehen,
seht stets zu, dass Ihr dabei lacht.

Denn Euer Lachen ist das Schönste,
Medizin für jeden Schmerz.
Ihr seid die Liebe meines Lebens,
nur Euch gehört mein Herz!

*(Dana Jungbluth, 25. Februar 2019)*

# Seelenklänge

Um tanzen zu können, braucht man keine Beine,
um singen zu können, keinen Mund,
um sprechen zu können, keine Stimme,
die Musik hält Deine Seele gesund.

Um sie hören zu können, brauchst Du keine Ohren,
Du wirst sie fühlen, ihre Vibrationen im Herz.
Unsere Welt besteht aus Musik für alle Sinne.
Ergreifst Du sie, spürt die Seele keinen Schmerz.

*(Dana Jungbluth, 2. März 2019)*

# Sein Leben leben

Ach wie schön wäre das ewige Leben!
So klammert man fest an Paradiesen, an Seelen.
Doch dabei wird nie bedacht,
einst sagen zu können "Ich hab' alles gemacht!".

*(Dana Jungbluth, 18. März 2019)*

# Du bist nicht allein

Es war einmal ein Häschen,
das hoppste meist allein
und rümpfte dann sein Näschen.
Gesehen wollt' es sein.

Das Häschen, es war traurig,
alle hüpften sie vorbei.
Dies schien ihm wahrlich schaurig,
so brach sein Herz entzwei.

Alles Schniefen, Schluchzen, Wimmern
hörte niemand, nah und fern.
Da vernahm es just ein Schimmern.
Jemand hatte es doch gern.

Das Häschen, besser war es nicht,
als alle anderen Häschen dort.
Beschäftigt nur allein mit sich,
lief es selbst von allen fort.

All die kleinen Hoppelhäschen
entkamen da in Scharen
aus dem klitzekleinen Bläschen,
in welchem sie gefangen waren.

*(Dana Jungbluth, 29. März 2019)*